AF609939

SOCIÉTÉ NATIONALE D'ÉDUCATION DE LYON

— 1883-1884 —

M. L'ABBÉ NOIROT

ET

LES MAXIMES QUI RÉSUMENT SA MÉTHODE

PAR

M. CLÉMENT GOURJU

SON ANCIEN ÉLÈVE, OFFICIER DE L'INSTRUCTION PUBLIQUE
MEMBRE HONORAIRE DE LA SOCIÉTÉ NATIONALE D'ÉDUCATION
ET DE LA FACULTÉ CATHOLIQUE DES LETTRES DE LYON

LYON
IMPRIMERIE PITRAT AINÉ
4, RUE GENTIL, 4

1884

M. L'ABBÉ NOIROT

ET

LES MAXIMES QUI RÉSUMENT SA MÉTHODE

SOCIÉTÉ NATIONALE D'ÉDUCATION DE LYON

— 1883-1884 —

M. L'ABBÉ NOIROT

ET

LES MAXIMES QUI RÉSUMENT SA MÉTHODE

PAR

M. CLÉMENT GOURJU

SON ANCIEN ÉLÈVE, OFFICIER DE L'INSTRUCTION PUBLIQUE
MEMBRE HONORAIRE DE LA SOCIÉTÉ NATIONALE D'ÉDUCATION
ET DE LA FACULTÉ CATHOLIQUE DES LETTRES DE LYON

LYON
IMPRIMERIE PITRAT AINÉ
4, RUE GENTIL, 4

1884

M. L'ABBÉ NOIROT

ET

LES MAXIMES QUI RÉSUMENT SA MÉTHODE

PAR

M. CLÉMENT GOURJU

SON ANCIEN ÉLÈVE, OFFICIER DE L'INSTRUCTION PUBLIQUE
MEMBRE HONORAIRE DE LA SOCIÉTÉ NATIONALE D'ÉDUCATION
ET DE LA FACULTÉ CATHOLIQUE DES LETTRES DE LYON

Lu dans la séance du 29 mai 1884

MESDAMES ET MESSIEURS,

Le *Correspondant* publie en ce moment une étude de M. Edmond Biré sur M. Victor de Laprade, à laquelle applaudiront tous les amis de notre célèbre poète forézien et lyonnais, et en particulier cette Société d'éducation, qui eut Victor de Laprade pour président. Parmi les premières publications qui « sous le poète, dit M. Edmond Biré, révélèrent avec éclat le prosateur » il cite les articles que M. de Laprade fit paraître en 1842 dans la *Revue du Lyonnais* sur le premier ouvrage de M. Blanc de Saint Bonnet, et il extrait de ces articles un éloge de M. l'abbé Noirot, que je me suis empressé de recueillir à votre intention. Mais avant de le lire, je tiens à vous faire remarquer le prix que cet éloge, outre l'importance de son auteur, tire aussi du temps où il a paru.

M. V. de Laprade avait fait sa philosophie avant 1830. La révolution de Juillet ouvrit bientôt une période d'agitation et de fermentation intellectuelle qui ne fut pas sans quelque grandeur, mais où les esprits paraissaient dominés, non seulement en littérature et en politique, mais en morale et en religion, par l'amour de la nouveauté bien plus que par l'amour de la vérité. Les saint-simoniens pontifiaient et dogmatisaient, mais évitaient la discussion, à Lyon du moins, quand les catholiques, le jeune Ozanam en tête, la leur offraient (1)[1]. Fourier construisait idéalement ses merveilleux phalanstères, et les peuplait d'hommes imaginaires chez qui l'attrait passionnel tenait lieu de raison. Pierre Leroux fondait l'humanitarisme, où il absorbait l'homme réel dans l'humanité comme la goutte d'eau dans l'Océan, en attendant qu'Auguste Comte fît une doctrine moitié matérialiste, moitié mystique, des négations arbitraires du positivisme. C'était une fièvre. Et beaucoup d'hommes qu'à plusieurs égards on eût appelés sages, n'échappaient guère à l'illusion de faire prévaloir leurs inspirations personnelles sur la vérité authentique et permanente de la tradition et même du bon sens. Au milieu de cette effervescence, Victor de Laprade avait entendu l'appel de la poésie, et quoiqu'on dût lui rendre un jour le témoignage rare de n'avoir jamais détourné la poésie de son auguste mission, qui est d'élever les âmes, il était un peu permis de douter qu'il pût se soustraire entièrement à l'influence commune. Avant l'année 1842 dont nous par-

[1] Voir l'appendice, (1). Les autres numéros de renvoi correspondent de même aux numéros de l'appendice.

lons, Eleusis et surtout Psyché lui avaient conquis de nombreuses sympathies ; il s'était vu flatté, célébré, de vive voix et par écrit, dans des revues, dans des lettres, dans des salons parisiens où on attirait avec l'enthousiasme de l'espérance ce poète d'avenir ; il était entré en relations intimes avec les écrivains et les penseurs les plus vantés, je ne dis pas seulement avec Chateaubriand, Joseph Autran, Ballanche, pour qui ses affinités étaient évidentes, mais avec Michelet, Edgar Quinet, Victor Cousin, Pierre Leroux, George Sand. Celle-ci lui écrivait avec insistance : *Venez à nous*. Ne semble-t-il pas qu'ainsi enivré d'une gloire rapide, de louanges séduisantes sorties de bouches si diversement inspirées, il eût dû perdre le souvenir de ses anciennes leçons de philosophie, données avec tant de simplicité et de modestie par *un petit abbé rétrograde* ainsi que se désignait plaisamment et finement M. l'abbé Noirot lui-même? Il n'en fut rien, et les lignes suivantes, qui terminent son dernier article sur le livre *de l'Unité spirituelle* par Blanc de Saint-Bonnet, attestent à la fois et le grand cœur du disciple et la singulière influence du maître.

« Un mouvement philosophique bien réel, disait M. Victor de Laprade, se manifeste à Lyon depuis quelques « années ; un grand nombre d'esprits jeunes et ardents « s'y préoccupent des idées, et, chose remarquable dans « ce temps, sont liés les uns aux autres par une incontestable parenté intellectuelle; tous ont gardé dans les « tendances et dans la méthode quelque chose de l'homme supérieur dont l'enseignement a suscité les intelligences les plus actives et les plus distinguées que Lyon « ait produites depuis longtemps. L'abbé Noirot a laissé « dans l'esprit de tous ses élèves une empreinte qui s'y « conserve même dans des camps divers. Nous pouvons

« affirmer hautement que peu de penseurs de notre époque, même ceux dont la renommée est la plus brillante, ont aussi bien mérité que lui de la science morale ; qu'il soit permis à un des nombreux disciples qui lui gardent leur reconnaissance et leur affection, de lui rendre ce témoignage. »

J'ai choisi l'exemple de M. Victor de Laprade, et j'ai insisté sur ce qu'il appelle son *témoignage*, pour en faire le type du sentiment universel que M. l'abbé Noirot inspirait à ses élèves. Sans crainte de me répéter, je vous citerai, comme je l'ai fait dans une autre enceinte, quelques-uns des plus distingués, qui, à ma connaissance personnelle, lui sont demeurés fidèles jusqu'à la mort. Combien d'autres en est-il que je n'ai pas connus pendant les trop nombreuses années que j'ai passées hors de ma ville natale !

Ozanam, devenu à son tour un maître si grand et si aimé, parlait de l'abbé Noirot à ses jeunes disciples du Luxembourg avec une émotion semblable à celle de la piété filiale. Le docteur Francis Devay, enlevé trop tôt à ses travaux, à son enseignement, à ses luttes vigoureuses, représenta énergiquement pendant vingt ans dans notre école de médecine les doctrines spiritualistes qu'avait consolidées dans son esprit sa laborieuse et fervente année de philosophie (2). Le vertueux Tissandier fut l'interprète fidèle de ces mêmes doctrines dans ses ouvrages et dans les chaires de Dijon, de Lille et de la faculté de Douai. Blanc de Saint-Bonnet confondit jusqu'au dernier jour son enthousiasme pour l'abbé Noirot et son enthousiasme pour la vérité. Il était au lit, sous la double influence de la maladie et du chagrin (3), quand il apprit de moi la mort du maître vénéré. Il mourut lui-même quelques jours après, comme si cette nouvelle avait rompu le dernier lien qui le retenait à la terre. Nommons encore le poète Ponsard, qui préludait à sa belle carrière littéraire par ses conversations avec l'abbé Noirot en 1833, et le savant Rédarès, dont la nature généreuse, ouverte également aux lettres, aux sciences, à la philosophie, s'inspirait partout des plus hautes pensées. Une mort prématurée a dérobé à une juste célebrité ce très fidèle disciple de l'abbé Noirot.

Si des défunts il m'était permis de passer aux survivants, combien n'en trouverais-je pas encore aujourd'hui dans notre cité, parmi les vétérans honorés du clergé, de l'armée, de la magistrature, du barreau, de la médecine, de l'enseignement, des arts et de notre glorieuse industrie lyonnaise! Il y a deux ans quand l'abbé Noirot mourut presque nonagénaire, trente ans après être descendu de sa chaire, presque soixante après y être monté, un comité de ses anciens élèves fit célébrer pour le repos de son âme un service solennel (4). On vit la vaste chapelle du lycée se remplir d'hommes aux têtes blanches ou grisonnantes, amenés là par la mémoire du cœur; ils semblaient attester devant Dieu qu'un demi-siècle n'avait point effacé le bien produit par le vénéré défunt; et l'on entendit le prélat de Soissons, accouru de son lointain diocèse, redire éloquemment devant cette pieuse assemblée les salutaires enseignements de son professeur et ses vertus,

L'estime des élèves de M. l'abbé Noirot pour leur maitre fut, dès les premières années de son enseignement, si unanime et si exceptionnelle, qu'un accord singulier sembla s'établir pour voir en lui, de près comme de loin, le professeur de philosophie par excellence. J'ai vu le grand Ampère, chargé d'années et de gloire, s'incliner avec respect devant le jeune abbé, et dans sa haute compétence, louer la clarté et la supériorité de sa méthode. J'ai entendu le célèbre helléniste Burnouf, dire en entrant dans sa classe : « mon collègue et moi, nous ne venons pas faire une inspection, nous venons prendre une leçon. » La qualification de *Socrate chrétien*, que je crois lui avoir donnée le premier dans un discours de distribution de prix en 1836, a été souvent répétée depuis et consacrée par d'illustres appréciateurs ; il me suffira de nommer Lacordaire. Victor Cousin s'était pris d'une sorte de prédilection pour « *le petit abbé rétrograde* ». « Les autres professeurs de philosophie, disait-il, m'envoient des ouvrages ; celui-ci m'envoie des hommes. » Cousin, si attaché aux règles universitaires, aux grades, à l'école normale, aux concours, au titre d'agrégé comme garantie authentique et significative de ce que vaut un maître, renonçait à ses exigences quand il s'agissait de l'abbé Noirot ; il tint à ce que ce prêtre, qui n'était ni agrégé, ni docteur, ni même licencié, siégeât parmi les cinq juges de l'agrégation de philosophie ; on vit pendant plusieurs années dans la grande salle de la Sorbonne, au bureau des examinateurs, cette physionomie pénétrante et douce, qui faisait tout à la fois un contraste et une harmonie avec l'ardente tète de Cousin, et semblait garantir le bon sens et l'équité des arrêts qui seraient rendus.

Quand Hippolyte Fortoul fut arrivé au pouvoir, il eut à cœur de montrer à son maître sa reconnaissance et sa confiance. Il lui conféra d'autorité le titre de Docteur, légitimement acquis par trente années d'un enseignement si haut placé dans l'estime de tous, le nomma inspecteur-général, le fit asseoir au conseil supérieur et le prit souvent pour son confident, son conseiller, son médiateur dans des circonstances délicates. C'est ainsi qu'il le pria de se rendre à Rennes auprès de Mgr Godefroy Saint-Marc, que le ministre appelait emphatiquement « le roi de la Bretagne », pour prévenir les suites de certains froissements pénibles, produits par le zèle intempéré et sans franchise d'un préfet trop dévoué. Le prélat breton fut flatté du choix d'un tel médiateur, connu de lui comme grand philosophe chrétien et comme ami intime du cardinal Morlot (5) ; il le reçut à bras ouverts ; ces deux hommes si bons et si sincères s'entendirent dès les premiers mots et lièrent une amitié durable ; il va sans dire que les difficultés dont il était question s'aplanirent très vite. D'un autre côté les membres de la Faculté des lettres firent fête à ce professeur que précédait une célébrité à part. et leur doyen, M. Thomas Henri Martin, philosophe supérieur lui-même, heureux et empressé, se présenta à lui comme à un frère longtemps attendu. Enfin, sur ma demande, l'abbé Noirot vint inspecter ma classe de philosophie ; je le priai de rééditer en 1853 un de ses dialogues familiers de 1831. Ses auditeurs improvisés l'écoutèrent avidement, et il ne fut bruit que de l'aubaine inespérée qu'avaient eue les philosophes du grand lycée Breton d'assister à une classe du célèbre professeur lyonnais.

Où était le secret de cette espèce de culte rendu avec tant d'unanimité et de persévérance à un homme aussi modeste? Dans les qualités de son esprit et de son caractère. J'ai entendu dire à des appréciateurs distingués qui avaient pu le comparer aux professeurs les plus renommés du temps, qu'ils n'avaient trouvé dans aucun autre à un aussi haut degré cette facilité d'analyse qui est la qualité distinctive du philosophe. Ajoutez-y une marche sûre, une méthode séduisante de clarté, enfin un coup d'œil surprenant pour signaler d'une manière imprévue les applications d'un principe de pure philosophie à la solution de problèmes historiques, politiques, économiques, esthétiques. Quant à son caractère, qui sut mieux que lui inspirer la confiance par une bonté judicieuse, exciter l'affection par l'indulgence, inviter les plus humbles à s'ouvrir à lui sans crainte, mettre à l'aise par l'absence de tout cérémonial, aplanir la barrière du respect par une touchante simplicité? Quelle que soit mon admiration, fortifiée par l'âge, pour la supériorité philosophique de l'abbé Noirot, je n'hésite pas à mettre plus haut encore son attrayante bonté; il était la démonstration vivante de cette vérité pratique : *le cœur fait plus de conquêtes que l'esprit*. C'est ainsi que Dieu lui-même, pour qui le connaît bien, subjugue les âmes moins par sa grandeur que par ses bienfaits.

Après cet hommage rendu à un maître si éminent et si bon, je consacrerai la seconde partie de cette *lecture* à expliquer sa méthode, non dans ses détails, mais dans son esprit général. Je suis heureux de le faire en présence et au nom de cette Société d'éducation qui a toujours été si compétente dans les questions de méthode (la lecture qui a précédé la mienne vous prouve que ses traditions n'ont point dégénéré), qui s'est souvent inspirée de la méthode de l'abbé Noirot par l'influence de ses disciples, qui a été encouragée à son origine par M. l'abbé Noirot lui-même, par ses conseils et quelquefois par sa présence, et qui compte au nombre de ses principaux fondateurs le vénérable feu M. Louis Michel, ami, neveu de l'abbé Noirot, et un des hommes de France dont les publications et les travaux ont le plus contribué aux progrès des saines méthodes en éducation.

Je crois pouvoir ramener la méthode de l'abbé Noirot à quatre maximes essentielles. Trois d'entre elles sont empruntées à trois grands philosophes modernes, la quatrième appartient à l'abbé Noirot lui-même, et les quatre s'enchaînent, se complètent et forment un tout dont l'abbé Noirot me paraît avoir fait l'idéal même de la vraie méthode philosophique. Elles n'étaient point invoquées textuellement dans son cours écrit ou parlé, mais elles y étaient sans cesse virtuellement présentes, comme les axiomes géométriques sont présents dans les démonstrations, comme l'oxygène est constamment présent dans l'air respirable.

La première de ces quatre maximes n'est autre que celle si justement célèbre de Descartes, énoncée deux fois dans son *discours de la méthode*, d'abord en tête de ses « préceptes de logique » (2e partie), puis parmi les vérités principales qu'il établit (4e partie) avec tant de soin, de réflexion, on serait tenté de dire de timidité, si cette timidité apparente ne cachait une fermeté hardie, comme son doute méthodique cache les convictions les plus solides. « Ne recevoir jamais aucune chose pour vraie, qu'on ne la connaisse évidemment être telle », est une maxime tellement évidente elle-même qu'on peut s'étonner qu'elle ait jamais été contestée (6). Toutefois, remarquez bien qu'elle est négative, qu'elle est plus propre à éviter l'erreur qu'à découvrir la vérité, qu'elle peut donner lieu soit à l'apathie, soit à l'arbitraire : à l'apathie puisqu'on pourrait s'y conformer en n'affirmant rien : à l'arbitraire si on se cantonne dans une espèce d'évidence sans tenir compte des autres ; et vous comprendrez que malgré son excellence, elle est en somme insuffisante, et que si elle garantit la curiosité et l'instinct du vrai contre des méprises, elle ne guide point l'intelligence dans ses destinées et dans ses devoirs.

Voici un philosophe plus autoritaire que Descartes, qui n'a pas de tendresse pour la simple curiosité et s'inquiète peu de la préserver du piège de l'impatience, mais qui a la passion de la vérité et une haute et ferme intuition des obligations de l'esprit humain. C'est le « génie effrayant » dont parle Chateaubriand et qui, sous le nom de Pascal, occupe une place unique dans l'histoire des sciences, dans celle des lettres et dans celle de la philosophie. « IL FAUT » me dit-il pour premier mot, et ces deux syllabes suffisent pour marquer sa différence avec Descartes. Ce n'est plus un doux conseiller, qui vous dit ses secrets sans chercher à peser sur vous, c'est un austère précepteur qui commande. « Il faut »... et que faut-il, ô maître impérieux ? Ecoutez la maxime de cet homme qui, familier avec le sublime mais peu soucieux de l'élégance, excelle à parler supérieurement en phrases négligées : *Il faut* douter quand il *faut*, assurer quand il *faut*, se soumettre quand il *faut*. » Et il ajoute d'une voix sévère : « Qui ne fait ainsi n'entend pas la force de la raison. » Trois sentences, trois devoirs, trois manières d'être en faute avec la vérité, voilà la maxime de Pascal. Il ne s'agit plus de satisfaire sans mécompte le désir de connaître ; il s'agit comme il dit, « d'entendre la force de la raison » et de remplir sa tâche d'être intelligent. Douter est quelquefois un devoir, mais ce n'est pas le seul. Je dois chercher la vérité ; une fois établie, je dois l'accepter quand même elle me gênerait, je dois l'*assurer* quand même on la contredirait. Enfin si la vérité n'est pas accessible à mes recherches personnelles, mais qu'elle me soit donnée par des autorités compétentes, c'est un acte sensé de m'incliner devant elle et de me soumettre. Quand M. Camille Flammarion me dit qu'une éclipse totale de lune aura lieu le 4 octobre 1884 à 8 heures du soir et sera visible en France, je dois le croire, tout incapable que je suis de faire les calculs qu'il a faits (7). J'ai connu un entrepreneur de bâtiments très habile dans son industrie, mais ignorant en géométrie, qui me disait : « j'ai souvent à calculer des circonférences ; je multiplie les diamètres par *trois quatorze seize* (c'était son langage); je ne sais pas pourquoi; mais les géomètres disent qu'*il le faut*, et je le fais. » Le bon sens de cet homme était en parfait accord avec le génie de Pascal (8).

En nous ordonnant « d'assurer quand il faut et de nous soumettre quand il faut » Pascal avait surtout en vue les vérités qui importent à nos destinées morales et immortelles. Dans cet ordre d'idées, la maxime de Pascal nous prémunit contre un abus qu'on peut appeler *la prétention à l'évidence irrésistible*. Le doute méthodique de Descartes, par lequel il entendait combattre le doute opiniâtre des sceptiques, est devenu contre son gré une source nouvelle de scepticisme. Comme Descartes semble ne renoncer au doute qu'au moment où il trouve devant lui l'évidence vraiment irrésistible de sa pensée et de son existence, il s'est trouvé des philosophes qui ont remplacé la règle raisonnable « de n'admettre comme vrai que ce qui est évidemment vrai » par cette autre règle téméraire et dangereuse de « n'admettre que les vérités auxquelles il est impossible de résister ». L'hommage de nos esprits et de nos cœurs ne serait plus le fait d'une bonne volonté convaincue mais celui d'une mauvaise volonté réduite à l'impuissance. Tel n'est pas l'ordre établi par la Providence, qui entend que notre hommage ne soit pas forcé mais libre, que nous nous soumettions à la vérité sans attendre qu'elle nous terrasse; « la paix (du cœur et de l'intelligence) est pour les hommes de bonne volonté (9) ».

L'abbé Noirot recommandait sans cesse comme Descartes de se défier de la précipitation dans ses jugements, et comme Pascal d'aimer la vérité, de la chercher avec bonne foi, de la reconnaître avec empressement et docilité partout où on la trouve. Or la vérité se manifeste de diverses manières, et une philosophie large réclame une troisième maxime qui réponde à cette diversité. C'est Joseph de Maistre qui nous la fournira. Je n'entends point donner J. de Maistre pour un philosophe irréprochable. Qu'il ait maintes fois dépassé le but, donné dans le paradoxe, porté des jugements excessifs, et qu'il soit aussi dangereux de le suivre dans son mysticisme que d'imiter Chateaubriand dans son style, je le veux. Mais c'est un homme de génie, dont les aperçus sont parfois éclatants de lumière. Il dit quelque part qu'il fut tenté de se mettre à genoux le jour où il lut pour la première fois cette admirable pensée de Malebranche : « Dieu est le lieu des esprits comme l'espace est le lieu des corps. » J'éprouvai un saisissement de même genre le jour où je lus dans J. de Maistre lui-même cette autre pensée, aussi simple que profonde : « On doit admettre toutes les vérités qui sont établies PAR LE GENRE DE PREUVES QUI LEUR EST PROPRE. » Dans cette maxime je reconnus les conseils souvent donnés et toujours appliqués par notre maître. Il s'efforçait de nous former à des vues amples et impartiales, et de nous persuader qu'il faut toujours craindre en affirmant une vérité d'en nier quelque autre, de confondre entre eux les moyens de connaître, de demander aux sens ce qui n'est attesté que par la conscience, à l'expérience ce qui appartient à la raison, à la science personnelle ce qui dérive de la notoriété, au raisonnement abstrait ce qui est du domaine des réalités, etc.

Les trois maximes précédentes sont rendues plus efficaces par une quatrième que j'attribue plus personnellement à l'abbé Noirot sous cette forme : « toutes les vérités certaines se ramènent en dernière analyse à des FAITS certains ». Les inductions les plus élevées tirent toute leur valeur des *faits* qui en ont été le point de départ ou par lesquels on les a vérifiées. Les déductions les plus compliquées des mathématiques, les plus subtiles ou les plus sublimes de la métaphysique, reposent sur des données abstraites ou sur des conceptions rationnelles, véritables *faits* intellectuels qu'il faut préciser par des définitions, ou dont une observation psychologique profonde doit déterminer la nature et la valeur. Dans un autre ordre de connaissances, les enseignements traditionnels sont composés de dogmes constitutifs et de leurs conséquences ; or les dogmes sont des *faits* notoires qui tirent leur force de leur réalité première et de leur permanence incorruptible à travers les âges.

Observer, bien observer, voilà donc en définitive la règle souveraine. Bien observer, c'est respecter les *faits* quelle que soit leur nature, n'y rien ajouter, n'en rien retrancher, leur subordonner tous les systèmes. Dans la science de l'homme, l'abbé Noirot comptait quatre grandes classes de *faits* dont il faut tenir un compte égal pour connaître l'homme en son entier. Il les personnifiait dans quatre types modernes, Condillac, Laromiguière, Cousin et Bonald, qu'il nous invitait à imiter dans leurs affirmations, à rectifier dans leurs négations.

Condillac avait raison quand il affirmait l'importance de la sensation et quand, à l'instar de saint Thomas d'Aquin, il soutenait qu'elle est nécessaire à toute l'intelligence et à toute la vie de l'esprit : son tort était de vouloir que la sensation fût tout, et de ne pas voir, par une observation plus complète des faits, que l'activité humaine, avec ses tendances, ses sentiments et sa liberté, est une force réelle et distincte de toutes celles qui la sollicitent.

Laromiguière (à qui l'abbé Noirot adjoignait le profond Maine de Biran et notre illustre compatriote Ampère), exposa avec autant de justesse et de clarté que d'élégance, ce contraste de la force humaine et du monde qui l'entoure ;

mais exagérant les effets de cette force, il fit à tort de la pensée humaine tout entière l'œuvre de notre activité, tandis qu'en observant avec exactitude les caractères de nécessité et d'universalité de la raison, on reconnaît que les premiers principes de la connaissance humaine sont indépendants de nous.

Cousin, qu'avait précédé Royer-Collard, et que répétèrent Jouffroy, Saisset et d'autres, fit cette distinction capitale, et la langue philosophique aussi bien que la méthode d'observation n'ont peut-être rien connu dans ce siècle de plus éloquent et de plus solide que ses grandes discussions sur les idées de la raison (10). Ainsi se complétait la science psychologique de l'homme. Où Couisn échoua cependant à son tour, ce fut quand méconnaissant la nature des faits traditionnels, il prétendit les réduire aux éléments de la raison. Il commettait ainsi la faute qu'il avait si vivement reprochée à d'autres, de mutiler la science totale de l'homme en supprimant arbitrairement toute une classe de faits ou, ce qui revient au même, en la faisant rentrer de force dans des classes dont elle diffère par des caractères essentiels.

Bonald, et d'autres philosophes, fidèles disciples de la tradition, avaient signalé cette classe de *faits*. Leur mérite incontesté d'écrivains aurait dû les faire mieux écouter ; un beau langage n'exprime pas que des erreurs. Il est vrai, Bonald a exagéré quand il a fait de la parole le véhicule de la pensée et de la raison, dont elle est seulement l'expression, et il a fondé l'erreur du traditionalisme, condamnée aussi bien par la théologie que par la saine philosophie, et combattue récemment encore par le cardinal Zigliara, commentateur de saint Thomas, interprète autorisé de Léon XIII, et fidèlement traduit par M. l'abbé Murgue, du diocèse de Lyon. Mais Bonald a eu le mérite de signaler et de mettre éloquemment en lumière ce fait de perpétuelle expérience que la parole d'autrui est nécessaire à la formation claire et durable de la raison dans chaque homme, comme la lumière est nécessaire à l'œil, comme la culture est nécessaire à la plante. La nécessité frappante de l'éducation avait conduit les philosophes païens eux-mêmes à concevoir la nécessité de l'intervention divine personnelle dans l'éducation de l'humanité. Cette considération est l'explication rationnelle de la révélation, l'introduction à son étude traditionnelle, et suivant la belle image de Clément d'Alexandrie, le vestibule du temple.

L'abbé Noirot ne pouvait manquer de s'emparer de cette grande théorie au profit de la connaissance complète de l'homme ; il la développait abondamment et la condensait dans cette proposition précise et claire : « *La tradition religieuse est dans la société ce qu'est la raison dans chaque homme.* »

L'insistance persévérante de l'abbé Noirot à prescrire à ses élèves d'étudier les faits, de respecter les faits, de ne pas les dénaturer ni les mutiler, de ne pas prendre les uns pour prétexte de nier les autres, était un des caractères originaux de son enseignement, et la cause principale de l'ampleur de sa doctrine. De tant de philosophes vantés dont nous avons pu lire les ouvrages ou entendre les discours, presque toujours chez les plus éloquents et les plus habiles, quelque négation fâcheuse vient altérer des affirmations excellentes. On les voit incliner, les uns vers un psychologisme abstrait trop oublieux du grand exemple de Bossuet et trop peu préoccupé de l'influence des organes, d'autres vers un physiologisme envahissant qui prétendrait réduire les faits de l'âme aux faits de l'organisation ; d'autres vers un rationalisme négatif de la révélation divine, d'autres vers l'exagération contraire, ennemie des droits de la raison, sans laquelle cependant la révélation n'aurait pour nous aucun sens intelligible.

Toutes ces négations illégitimes violant également le grand principe du respect des faits, s'entraînent logiquement dans le même abîme. Quiconque nie une catégorie de faits devrait les nier toutes. Il faut avoir l'esprit absolument large et ouvert à toutes vérités, ou bien avoir l'esprit absolument clos et voué au scepticisme universel.

Que par les faits bien observés dans la nature Galilée prouve la pesanteur de l'air, l'isochronisme du pendule, ou les révolutions des satellites de Jupiter; que par les faits bien observés dans l'âme humaine Cousin fonde la théorie de la raison et des principes premiers; que par les faits bien observés dans la tradition chrétienne, Thomas Moore établisse l'origine authentique et la constance de nos dogmes catholiques (11), l'application varie, le procédé est immuable, et l'esprit en passant par ces ordres de vérités si différents, se sent toujours assuré de ses connaissances en vertu des mêmes lois et sous le contrôle unique de la règle féconde et simple du respect des faits.

Je souhaite que cette analyse de l'esprit méthodique de l'abbé Noirot vous ait intéressés, malgré ses imperfections et malgré ses abréviations nécessaires. Agréez ce nouvel adieu que j'ai adressé devant vous à un homme qui m'est resté si cher (12). Je garderai jusqu'à mon dernier jour le souvenir de ses touchantes funérailles. J'ai vu de près combien sa bonté, combien la simplicité de ses mœurs lui avaient attaché ses compatriotes de Latrecey. Toute la commune s'était levée pour rendre les honneurs suprêmes au plus distingué et au plus aimé des enfants du pays. Sous un soleil brillant l'immense cortège suivit en serpentant les pentes de la montagne. Un clergé nombreux s'était réuni; à la fin du service un chanoine de Langres, vieil ami du défunt, prononça avec l'éloquence du cœur son oraison funèbre. Au cimetière, à l'endroit du monument qu'allait élever la reconnaissance, le maire interprète pieusement ému des sentiments de tous, salua le prêtre, le philosophe renommé, le bienfaiteur des pauvres, et lui dit avec une noble simplicité : « Au revoir dans l'immortalité ». L'inspecteur d'académie rendit hommage au nom de l'Université à l'un de ses meilleurs serviteurs. Et moi, qui avais l'honneur de représenter ses anciens élèves, je demandai auprès de son cercueil que ses leçons et sa bonté vécussent toujours dans nos cœurs.

En renouvelant ici ce vœu, je vous prie d'en accueillir avec faveur un second, déjà exprimé devant un autre auditoire : c'est que le buste en terre où M. Fabisch fils, qui fut membre de notre société, artiste si justement aimé pendant sa trop courte vie, a su fixer la fine et bienveillante physionomie de l'abbé Noirot, soit reproduite en marbre ou en bronze par le vénérable père de l'artiste défunt pour être placé soit dans la classe de philosophie du lycée, soit au musée de la ville parmi d'autres personnages dignes de mémoire.

APPENDICE

(1). Ozanam, âgé de dix-huit ans, fit sous l'inspiration de M. l'abbé Noirot une réfutation du saint-simonisme pleine de méthode et quelquefois d'éloquence *(Réflexions sur la doctrine de saint Simon)*, à laquelle les saint-simoniens ne répondirent rien, et, je n'hésite pas à ajouter, étaient dans l'impossibilité de répondre. Ozanam proposa des conférences publiques; elles ne furent point acceptées.

(2). Francis Devay, reçu docteur en médecine, prit l'engagement dans l'église de Notre-Dame de Paris, de consacrer son talent et le zèle dont il se sentait animé, à défendre les principes spiritualistes et chrétiens. Il tint parole dans son ouvrage *de l'Hygiène dans ses rapports avec la morale et la religion*, dans son *Traité des mariages consanguins* fruit des recherches les plus consciencieuses, et dans sa polémique continuelle contre les hypothèses matérialistes. (Voir la notice biographique faite par le docteur Bouchacourt.)

(3). Blanc de Saint-Bonnet, veuf depuis plusieurs années, perdit presque coup sur coup ses deux pieuses filles et son unique petit-fils. La Providence sembla vouloir commenter sur lui le livre *de la Douleur*, où l'âme méditative de Blanc de Saint-Bonnet avait montré la douleur comme le mystérieux ouvrier des desseins miséricordieux de Dieu sur l'homme.

(4). MM. les aumôniers du Lycée (Blanchet et Ollagnier) et le regretté proviseur M Busquet témoignèrent le désir que le service fût célébré dans la chapelle du lycée; M. le Recteur en donna l'autorisation; Mgr le cardinal Caverot *offrit la cathédrale*, mais apprécia les raisons du comité pour préférer le Lycée, et ratifia ce choix.

(5). L'abbé Noirot et l'abbé Morlot étaient tous les deux vicaires à la cathédrale de Saint-Bénigne de Dijon en 1819, Ils firent beaucoup de philosophie ensemble, et contractèrent une amitié très vive. J'ai entendu le cardinal Morlot exhorter des enfants à la première communion ; son allocution fourmillait des traces évidentes de ses fortes études philosophiques.

(6). Un orateur, ennemi de la méthode de Descartes, et confondant l'abus qu'on a fait de la règle de l'évidence avec cette règle elle-même, venait de faire une sortie véhémente contre elle, et se croyant vainqueur, il eut la distraction de dire en souriant à ses auditeurs : N'est-ce pas *évident* ? »

(7). M. Flammarion veut que le public *se soumette* à l'autorité des astronomes *en matière d'astronomie*, et il a raison. Il se plaint de ce que, sur cent ignorants en astronomie, il y en a un qui se met à étudier, neuf qui, sans étudier, ont le bon sens de s'en rapporter, et quatre-vingt-dix qui se permettent de dire : « Tout cela n'est pas sûr. » Il a raison de se fâcher. Mais voici cent mille hommes en France, aujourd'hui vivants, beaucoup plus qu'il n'y a d'astronomes dans le même temps et dans le même pays, qui ont étudié très sérieusement les preuves de la religion chrétienne. N'auraient-ils pas raison de se fâcher contre les *ignorants en religion* dont beaucoup ressemblent aux quatre-vingt-dix ignorants en astronomie ?

(8). Comme philosophe et comme chrétien, Pascal a su dire qu' « il faut se soumettre quand il faut » ; comme janséniste, il ne s'est pas suffisamment soumis. Il n'a pas reconnu au Pape le droit de condamner des propositions *dans un auteur*, et lui dans les *Provinciales* a condamné des propositions *dans toute une compagnie*. Voltaire, juge ici impartial, a reconnu que Pascal, si éloquent contre la calomnie, a été calomniateur. Plaignons ce grand homme, mais respectons-le ; et que son inconséquence même nous fasse comprendre son précepte.

(9). L'évidence raisonnable et la prétention à l'évidence irrésistible. Les deux apologues suivants, conformes, pour le fond, au récit de l'Évangile, mettront cette différence en lumière.

PREMIER APOLOGUE — LE CHRIST ET L'AVEUGLE-NÉ

L'aveugle-né ne fut guéri qu'après s'être lavé dans la piscine de Siloé, suivant l'ordre du Christ. Pendant ce temps le Christ et ses disciples s'éloignèrent, et l'aveugle-né ne les rencontra que plusieurs jours après. Et le Christ dit à l'aveugle-né qui l'abordait : que veux-tu ? — Seigneur, je vous cherche pour vous remercier d'avoir formé en moi le sens qui me manquait. — Que penses-tu de cette guérison? — Qu'elle est, comme tous vos miracles, le signe de votre mission divine? — Celui qui fait des miracles doit-il être cru dans ce qu'il affirme? — Oui, puisque Dieu justifie sa parole par ses miracles. — Si donc je te disais que je suis *un* prophète comme Élie, me croirais-tu? — Je vous croirais à cause de vos miracles. — Et si je te disais que je suis *le* prophète prédit par les prophètes? — Je croirais, à cause de vos miracles, que vous êtes le prophète prédit par les prophètes. — Et si je te disais : je suis la lumière du monde et je suis le fils de Dieu? — Je croirais que vous êtes la lumière du monde et le fils de Dieu. — Eh bien, je te le dis : *Je suis le fils de Dieu.* — Fils de Dieu, je crois en vous. — Et, conclut l'évangéliste : « *Il l'adora* ».

DEUXIÈME APOLOGUE — LES PHARISIENS

Les pharisiens réclamaient l'évidence irrésistible. Les miracles faits pour tout le monde ne leur convenaient point; ils en voulaient qui fussent faits pour eux, sur leur demande, à leur jour et à leur heure, et ils s'indignaient de ce que le Seigneur se refusait à leur modeste exigence. La guérison de l'aveugle-né faisait beaucoup de bruit; se taire, c'était adhérer à la notoriété du miracle et à la divinité de l'auteur du miracle. Ils firent une enquête, espérant que par voie d'intimidation et en menaçant d'exclure de la synagogue ceux qui soutiendraient la divinité du Seigneur, ils feraient hésiter les témoins et jetteraient de l'incertitude sur les dépositions. Mais l'enquête, malgré leur mauvais vouloir, établit que l'homme qu'on disait avoir été l'objet du miracle était bien le même que toute la ville avait vu pendant de longues années, demander l'aumône comme aveugle de naissance. Alors ils ne dirent point : le miracle est certain, donc il prouve que son auteur est vraiment le fils de Dieu, comme il dit être. Mais ils dirent à l'aveugle : « Tu es bien heureux d'avoir été guéri par cet homme, car nous savons que c'est un homme de péché. » Et comme l'aveugle s'avisa de leur dire : « Si cet homme n'était point de Dieu, il n'aurait pu me guérir; ils s'indignèrent de ce qu'il osait leur faire la leçon, et *ils le chassèrent de la synagogue*.

Aujourd'hui comme alors, il est des hommes qui reconnaissent le Messie à ses œuvres, et adorent en lui le fils de Dieu et la lumière du monde, et d'autres qui, sous le prétexte de l'évidence irrésistible qu'ils réclament, détournent les yeux de l'évidence raisonnable. Quelle profondeur dans ces paroles du Christ : « Je suis venu pour que des hommes qui ne voyaient point voient, et pour que des hommes qui voient deviennent aveugles! »

(10). Cousin qui s'est élevé avec force contre l'abus de la *métaphore* renfermée dans le mot *idée* (image), a abusé lui-même d'une *métonymie* sinon d'un *hypallage*, en donnant à la raison, qui est la connaissance de la vérité, l'épithète d'impersonnelle. Il s'écrie : « On dit *ma volonté*, mais qui oserait dire *ma vérité?* » Et c'est ce qui prouve contre lui, car on dit très bien *ma raison*. Cette confusion de la vérité impersonnelle et de la raison impersonnelle conduit facilement au panthéisme, et a fait tort à ce qui demeure vrai dans la théorie de Cousin.

(11). Cet ouvrage de Th. Moore est intitulé : *Voyage d'un jeune seigneur irlandais a la recherche d'une religion.* Il me fut signalé à son apparition par M. Noirot comme un chef-d'œuvre de méthode. C'est aussi un chef-d'œuvre d'exposition agréable, et la gravité de l'érudition y est merveilleusement déguisée sous l'enjouement de la forme.

(12). Le souvenir de l'abbé Noirot est intimement associé dans mon esprit à celui de mon père. Pierre Gourju fut professeur de philosophie au lycée de Lyon à la fondation de l'Université, et quand la faculté des lettres fut créée en juillet 1809, il en fut le premier doyen et le premier professeur de philosophie. Il logeait et il mourut dans la partie du lycée où habita plus tard l'abbé Noirot, à l'angle de la rue Gentil et du quai de Retz. Tous les deux ont laissé une empreinte ineffaçable dans l'esprit de leurs nombreux disciples. Si j'ai eu le malheur de ne point connaître mon père, j'ai eu souvent la joie fortifiante d'entendre des hommes estimables et distingués (MM. de Tardy, Périsse aîné, Sauveur Jacquemont, Terret, Delamarre, de Montereau, de Pommerol, de Saint-Pierre, etc.) s'honorer d'avoir reçu ses leçons et rappeler avec émotion ses vertus et son vaste savoir. Quelle joie j'aurai (je l'espère !) de retrouver dans la vie future ces deux hommes vénérables ! Et avec eux deux autres grands philosophes chrétiens, qui m'ont favorisé de leur amitié, et dont j'ai été et demeure le fidèle admirateur, M. Thomas Henri Martin et le P. Gratry, hommes très différents et très semblables, unis dans la vérité et même dans la méthode, mais l'un rigoureux, érudit, savant, précis, l'autre poète quoique mathématicien, écrivain à la grande envergure et à la parole enflammée, sûr cependant de lui dans ses plus grandes hardiesses, et connaissant profondément l'âme humaine, ses mystères, ses plus nobles facultés, ses forces supérieures, ses aspirations et ses divines destinées.

LYON. — IMPRIMERIE PITRAT AINÉ, RUE GENTIL.

www.ingramcontent.com/pod-product-compliance
Ingram Content Group UK Ltd.
Pitfield, Milton Keynes, MK11 3LW, UK
UKHW020406250726
13967UKWH00006B/2489